DECLARATION DV ROY,

Portant diminution des droicts attribuez aux Receueurs des Consignations, & Reglement pour la fonction de leurs Charges.

Verifiée en Parlement le septiéme iour de Iuin mil six cens cinquante-vn.

Auec l'Arrest de Verification.

A PARIS,

Par les Imprimeurs & Libraires ordinaires du Roy.

M. DC. LI.

Auec Priuilege de sa Maiesté.

OVIS par la grace de Dieu Roy de France
& de Nauarre, A tous ceux qui ces presentes Lettres verront, Salut. PAR l'Edict du
mois de Iuin 1578. deuëment verifié où be-
soin a esté, le Roy Henry III. d'heureuse memoire,
auroit creé & erigé en tiltre d'Office formé, vn Receueur des Consignations en chacune des Villes de
nostre Royaume esquelles il y a Cour de Parlement,
Chambre des Comptes, Cour des Aydes, Bailliages,
Seneschaussées, & en tous les Sieges & Iurisdictions
de nostre Royaume, mesmes en nostre Conseil Priué,
Grand Conseil, Requestes de nostre Hostel & de nostre Palais, pour receuoir & se charger de tous les deniers qui seront consignez, tant prouenans de la vente
& adjudication par decret qui se fait des immeubles
des debiteurs, que par Ordonnances de nos Officiers,
ou par deposts volontaires entre marchands & parti-
culiers, sequestres, executions de Sentences ou Arrests, prouisions ou garnissemens, & generalement
de tous autres deniers qui seront deposez entre les
mains de nos Huissiers ou Sergens, procedans de ventes de meubles, executions & saisies, sur lesquelles
interuiendroient des oppositions, & en quelque sorte
& maniere que ce soit, auec deffenses à tous nos Iuges
d'ordonner à l'aduenir, ny permettre & souffrir qu'aucune consignation, depost ou garnissement fust faict
ailleurs qu'entre les mains de nosdits Receueurs, &
tous nos subjets de les liurer & consigner en autre

A ij

main volontairement, ou autrement, à peine de con-
fiſcation ; auſquels Receueurs auroit eſté attribué par
ledit Edict, ſix deniers pour liure pour tous droicts &
gages de ce que monteront leſdites conſignations,
ſequeſtres, garniſſemens ou depoſts, ſans pour ce pretendre aucunes taxes, ny ſalaires pour la garde deſdits
deniers depoſez & conſignez. Et par Declaration du
vingt-ſixiéme Ianuier 1598. auroit eſté permis auſdits
Receueurs de decerner leurs contraintes, à l'encontre
de toutes perſonnes ſujettes à faire leſdites conſignations & depoſitions de deniers qui ſont & ſeront en
litige, comme pour nos propres deniers & affaires.
Depuis par autre Edict du mois de Iuin 1627. verifié &
regiſtré où beſoin a eſté, & pour les cauſes & conſi-
derations y contenuës, le feu Roy noſtre tres-honoré
Seigneur & Pere, auroit creé & erigé en heredité vn
Office de Controlleur en chacune deſdites Receptes
des Conſignations eſtablies par ledit Edict de l'année 1578. auec attribution de deux deniers pour liure
du prix des adiudications. Deſquels ſix deniers pour
liure attribuez auſdits Receueurs, & deux deniers
auſdits Controlleurs, auroit eſté permis par Declaration du mois de Decembre 1633. auſdits Receueurs &
Controlleurs, de jouïr deſdits droicts de ſix & deux
deniers pour liure ſur le prix des adiudications des
biens vendus par decrets volontaires, tout ainſi que
s'ils eſtoient forcez, ainſi que le contient plus au long
ladite Declaration. Et auſquels Controlleurs par autre Edict du mois d'Auril 1635. auroit eſté donné vne
ampliation de fonction & exercice de leurſdites char-

ges

ges, auec la faculté de paſſer & receuoir tous les ac-
quits, deſcharges, & autres actes concernans le faict
deſdites Conſignations, ſans que les Notaires ou Ta-
bellions s'y deuſſent plus entremettre directement
ou indirectement, & ce pour les cauſes & conſidera-
tions mentionnées audit Edict, auec attribution de
dix deniers pour liure, à prendre, ſçauoir, quatre deniers ſur les adiudicataires des biens & heritages ſaiſis, vendus & adiugez par authorité de Iuſtice, meſmes entre volontaires, & ſix deniers pour liure ſur les
creanciers vtilement colloquez en ordre, ſans qu'à
l'occaſion de la deſduction d'iceux, leſdits creanciers
en puiſſent pretendre aucune repetition ſur la partie
ſaiſie, ny autres : Et au mois de Decembre 1639. par
autre Edict auſſi verifié, noſtredit feu Seigneur & Pere
auroit creé & erigé deux Offices hereditaires & doma-
niaux de Receueurs & Controlleurs deſdites Conſignations alternatifs & triennaux en toutes les Cours
& Iuriſdictions de ce Royaume, auec attribution de
ſix deniers pour liure à chacun deſdits Receueurs, qui
éſt le meſme droict attribué à l'ancien Receueur, à
prendre ſur les adiudications qui ſe feront, & ſur les
creanciers vtilement colloquez en ordre, leſquels
droicts attribuez auſdits Receueurs & Controlleurs,
reuiennent à deux ſols ſix deniers pour liure : Et au
mois de Septembre de l'année 1645. par autre Edict
auſſi deuëment verifié, nous auons creé des Offices
quatriennaux de Receueurs deſdites Conſignations,
Controlleurs & Commis d'icelles, pour iouïr des
droicts à eux-attribuez ſur ceux des anciens, ſans que

B

lesdits droicts peuſſent eſtre augmentez. Et comme
en execution deſdits Edicts, noſdits Receueurs &
Controlleurs, ſous pretexte des finances qu'ils ont
payées en nos coffres, ſe veulent faire payer non ſeulement des droicts qui leur ſont attribuez, mais auſſi
pretendent les droicts de conſignation & controlles
des Contracts de ventes qui ſe paſſent entre la partie
ſaiſie, & les creanciers, à cauſe que les droicts dont ils
diſpoſent par leſdits Contracts, ſoit par forme de vente, ou delaiſſement, ſur & tant moins du deu deſdits
creanciers, ſont ſaiſis & mis en criées, aucunes fois
adiugées ſauf quinzaine, & d'autres fois le decret preſt
d'eſtre interpoſé, & que meſmes leſdits creanciers
font les ventes en leurs maiſons au plus offrant & der-
nier encheriſſeur, apres les publications qu'ils en font
faire, meſmes pour les licitations des maiſons qui ne
peuuent eſtre partagées, quoy que leſdites ventes &
delaiſſemens ne ſoient omologuez par nos Iuges : Ce
qui d'ailleurs cauſe deux inconueniens; l'vn, que les
creanciers pour ſe garantir deſdits droicts, font des
ventes entr'eux qui n'aſſeurent point les acquereurs,
qui ſont éuincez par des actions en declaration d'hypotheques des creanciers qui n'ont point paru, &
pour debtes le plus ſouuent acquittées : l'autre, que
n'eſtans pas bien aſſeurez en leur acquiſition, ils ne
payent pas le iuſte prix des choſes, qui eſt vn preju-
dice non ſeulement au ſaiſi, mais aux derniers creanciers, dont nous auons receu diuerſes plaintes, & de
ce qui ſ'eſt meu & meut encores tous les iours conte-
ſtation entre les creanciers vtilement colloquez &

les faisissans, sur ceux qui doiuent toucher en leur lieu, pour sçauoir qui doit porter ledit droict de douze deniers; Ce qui cause de grands frais, & arreste le commerce entre nos Subjets, apprehendans ledit droict de douze deniers pour liure, & nous oblige d'y pouruoir. Ce que nous ne pouuons mieux faire que par la diminution des droicts desdits Receueurs & Controlleurs, & en reglant la perceptió de ceux qui leur resteront pour la fonction & exercice de leurs charges.

I.

A CES CAVSES, Sçauoir faisons, Qu'ayant fait mettre ce que dessus en deliberation en nostre Conseil, où estoit la Reyne Regente nostre tres honorée Dame & Mere, nostre tres-cher Oncle le Duc d'Orleans, & autres grands & notables Personnages de nostre Conseil; DE l'Aduis d'iceluy, & de nostre certaine science, plaine puissance & authorité Royale, AVONS par cette presente nostre Declaration, reuoqué & reuoquons, à l'égard des Receueurs & Controlleurs desdites Consignations de nostre Cour de Parlement, Cour des Aydes, Requestes de nostre Palais & de nostre Hostel, Chastelet, Bailliage & Tresor, le droict de douze deniers qui se paye par les creanciers vtilement colloquez, en consequence des Edicts cy-dessus datez, faisons inhibitions & defenses à nosdits Receueurs & Controlleurs de prendre ledit droict sur les creanciers qui toucheront les deniers prouenans des ventes & adiudications qui seront faites cy-apres, ains iouïront seulement pour tous droicts de dix-huict deniers pour liure à eux attribuez, tant en ce qui regarde les decrets forcez que les volontaires, fçauoir vn fol deux deniers fur le prix, & quatre deniers fur celuy qui fera adiudicataire, outre le prix de fon adiudication, & ce fur toutes les ventes & adiudications qui feront faites en noftredite Cour, Barre d'icelle, pardeuant les Commiffaires d'icelle, Cour des Aydes, Requeftes de noftre Hoftel, Requeftes du Palais, Chaftelet, Bailliage & Trefor, en quelque forte & maniere que ce foit, tant des terres, maifons, heritages, rentes, qu'Offices.

II.

A L'EXCEPTION toutesfois des Receueurs & Controlleurs de noftredite Cour de Parlement, qui ne pourront prendre qu'vn fol fur le prix, & quatre deniers fur l'adiudicataire, en confequence de ce que lors de l'Edict de creation dudit Office de Controlleur, auquel lefdits deux deniers eftoient attribuez, le Receueur des Confignations qui f'eftoit rendu proprietaire dudit Office de Controlleur, en fit la remife au public.

III.

ET fans neantmoins que lefdits Receueurs & Controlleurs puiffent pretendre lefdits droicts fur les ventes faites par Contracts, entre la partie faifie, & les creanciers, quoy que les chofes venduës ayent efté faifies & mifes en criées, pourueu toutesfois que lefdites ventes ne foient faites par permiffion de noftredite Cour, ou autres de nos Iuges, ou bien que les Contracts qui feront faits ne foient omologuez ou authorifez par nofdits Iuges, ou que le delaiffement

des

des heritages, rentes, ou Offices, ne foit fait de leur authorité, en déduction de ce qui eft deu aufdits creanciers ou autrement; efquels cas, les prix defdites ventes, delaiffemens ou adiudications feront confignez és mains de nofdits Receueurs, lefquels feront payez de leurs droicts ainfi que des autres adiudications.

I V.

N'ENTENDONS auffi que nofdits Receueurs & Controlleurs puiffent rien pretendre des licitations qui fe font entre coheritiers ou coproprietaires, quoy que faites pardeuant l'vn des Confeillers de noftredite Cour, ou autres de nos Iuges, fi ce n'eft que les adiudications foient faites à autre qu'à l'vn defdits coproprietaires.

V.

VOVLONS que s'il fe trouue oppofition par quelque creancier fur la part d'aucuns defdits coheritiers ou coproprietaires pendant la conteftation & ordre qui en fera fait, ladite part & portion foit confignée és mains de nofdits Receueurs, pour en faire la diftribution & payement felon qu'il fera ordonné, à la charge toutesfois que lefdits Receueurs & Controlleurs ne pourront pretendre leurs droicts que fur le pied des fommes qui feront adiugées aux faififfans & oppofans.

V I.

VOVLONS au furplus, que les Edicts & Declarations de 1578. 1627. 1633. 1635. & 39. verifiez, foient exeeutez, finon en ce qu'il eft derogé par la prefente Declaration : & en outre, conformément à iceux, que tous adiudicataires de terres, maifons, heritages, ren-

tes ou Offices, soient tenus huictaine apres l'adiudication, omologation ou delaissement qui sera fait entre coheritiers ou coproprietaires, aux conditions cy-
dessus, de consigner entre les mains desdits Receueurs des Consignations, le prix de leur adiudication
ou delaissement; & qu'à ce faire ils soient contrains
comme depositaires, & comme pour nos propres deniers & affaires, en vertu de l'extraict de la presente
Declaration signé desdits Receueurs.

VII.

PAREILLEMENT que tous depositaires & consignataires des sommes qui ont esté deposées & consignées entre leurs mains par Ordonnances de Iustice,
soit Greffiers, Notaires, Sergens, Bourgeois ou autres
personnes de quelques qualitez & conditions qu'elles soient, soient contrains de remettre és mains de
nosdits Receueurs les deniers qu'ils ont entre leurs
mains, pour en faire par eux les payemens & distributions ainsi qu'il sera ordonné entre les parties y ayant
interest; ce faisant, qu'ils en demeureront valable-
ment quittes & deschargez: & qu'à ce faire ils soient
aussi contrains en vertu de l'extrait des presentes, sans
toutefois qu'il puisse estre perceu plus grand droict
sur lesdites sommes ainsi deposées & consignées (non
prouenans de ventes d'immeubles) que les six deniers
pour liure attribuez ausdits Receueurs par ledit Edict
de 1578.　　　VIII.

REITERONS les inhibitions & defenses portées
par lesdits Edicts, à tous Iuges d'ordonner la consignation ou depost d'aucunes sommes, en autres mains

qu'en celles defdits Receueurs, & à toutes perfonnes
de les receuoir pour quelque caufe que ce foit, fur
peine de trois mil liures d'amende au profit de nofdits
Receueurs : au payement defquelles, ceux qui auront
receu ledit depoft ou confignation feront contrains
en vertu de l'extraict des prefentes, en cas de contrauention, fans qu'il foit befoin d'autre Iugement, ny
efperance d'eftre defchargez, & nonobftant oppofitions ou appellations quelfconques, pour lefquelles
ne fera differé.

I X.

Nov s referuant de pouruoir au defdommagement
defdits Receueurs & Controlleurs des Confignations
ainfi qu'il fera aduifé en noftre Confeil ; & iufques
à ce, nous voulons que ce qu'ils ont payé pour l'attribution defdits droicts, leur tienne lieu de finance, fans
qu'il puiffe eftre cy-apres fait aucunes taxes fur lefdits
Officiers pour le reftabliffement d'iceux, ny pareils
droicts attribuez à aucuns nouueaux Officiers, de
quelque qualité & fous quelque pretexte que ce puiffe eftre.

X.

Et en cas de contrauention par aucuns Iuges au
Reglement cy-deffus eftably, nous permettons aufdits Receueurs & Controlleurs de perceuoir ledit
droict ainfi qu'ils ont fait auant ces prefentes, fi ce
n'eft qu'ils euffent efté defdommagez de la fuppreffion d'iceluy.

Si donnons en mandement à nos amez
& feaux Confeillers les Gens tenans noftre Cour de
Parlement à Paris, Que ces prefentes ils facent lire,

publier & enregiſtrer, & le contenu en icelles garder
& obſeruer de poinct en poinct ſelon leur forme &
teneur, ſans permettre ny ſouffrir y eſtre donné aucun
trouble ny empeſchement, Nonobſtant oppoſitions
ou appellations quelconques, dont ſi aucunes-inter-
uiennent, nous nous en reſeruons la cognoiſſance en
noſtre Conſeil, & l'interdiſons à toutes nos Cours &
autres Iuges ; Et tous Edicts, Declarations, Arreſts,
Reglemens & choſes à ce contraires, auſquelles nous
auons deſrogé & deſrogeons par ces preſentes : CAR
tel eſt noſtre plaiſir. EN teſmoin dequoy nous auons
fait mettre noſtre Seel à ceſdites preſentes. DON-
NEES à Paris le vingt-neufiéme iour de Feburier, l'an
de grace mil ſix cens quarente-huict, & de noſtre
regne le cinquiéme. Signé, LOVIS, & plus bas, Par
le Roy, la Reyne Regente ſa Mere preſenté, DE
GVENEGAVD, & ſeellées du grand Seau de cire
iaune. Et au deſſous eſt écrit :

*Regiſtrées, oüy le Procureur General du Roy, pour eſtre
executées à l'aduenir aux charges portées par l'Arreſt de ce
iour, A Paris en Parlement le ſeptiéme iour de Iuin mil ſix
cens cinquante-vn. Signé, GVYET.*

EXTRAICT DES REGISTRES
de Parlement.

VEV par la Cour les grand'Chambre, Tournelle
& de l'Edict aſſemblées, les Lettres Patentes du
Roy en forme de Declaration, données à Paris le
vingt-

vingt-neufiéme Feburier mil six cens quarente-huict,
Signées, LOVIS, & plus bas, Par le Roy, la Reyne
Regente sa Mere presente, DE GVENEGAVD, &
seellées du grand Seau de cire iaune sur double queuë,
Par lesquelles, & pour les causes y contenuës, ledit
Seigneur apres auoir fait mettre en deliberation en
son Conseil, où estoit la Reyne Regente sa Mere,
& son tres-cher Oncle le Duc d'Orleans, & autres
grands & notables Personnages de son Conseil, les
Edicts de creation des Receueurs & Controlleurs des
Consignations, fonctions d'iceux, & droicts de deux
sols six deniers attribuez ausdits Offices, & les Arrests
de ladite Cour de verification d'iceux, des mois de
Iuin mil cinq cens soixante & dix-huict, vingt-six
Iuillet cinq cens quatre vingts, vingt-six Ianüier six
cens huict, Iuin six cens vingt-sept, Decembre six
cens trente-trois, Auril & Iuin six cens trente-cinq,
Decembre six cens trente neuf, vnze, vingt-trois
Ianuier, cinq Mars mil six cens quarente, & sept Septembre mil six cens quarente-cinq ; de l'Aduis de
son Conseil & de ladite Dame Reyne Regente, auroit
reuoqué à l'égard des Receueurs & Controlleurs desdites Consignations de ladite Cour de Parlement,
Requestes du Palais & de l'Hostel, Chastelet, Bailliage & Tresor, le droict de douze deniers qui se paye
par les creanciers vtilement colloquez, en consequence desdits Edicts, & defenses ausdits Receueurs
& Controlleurs de prendre ledit droict sur les creanciers qui toucheront les deniers prouenans des ventes & adiudications qui seront faites cy-apres, ains

iouïront, feulement pour tous droicts, de dix-huict
deniers pour liure à eux attribuez, tant en ce qui regarde les decrets forcez que les volontaires; fçauoir,
vn fol deux deniers fur le prix, & quatre deniers fur
celuy qui fera adiudicataire, outre le prix de fon adiudication, & ce fur toutes les ventes & adiudications
qui feront faites en ladite Cour, Barre d'icelle, pardeuant les Commiffaires d'icelle, Cour des Aydes, Requeftes de l'Hoftel & du Palais, Chaftelet, Bailliage
& Trefor, en quelque forte & maniere que ce foit,
tant des terres, maifons, heritages, rentes, qu'Offices,
à l'exception toutefois des Receueurs & Controlleurs de ladite Cour de Parlement, qui ne pourront
prendre qu'vn fol fur le prix, & quatre deniers fur l'adiudicataire, en confequence de ce que lors de l'Edict
de creation dudit Office de Controlleur, auquel lefdits deux deniers eftoient attribuez, le Receueur des
Confignations qui s'eftoit rendu proprietaire dudit
Office de Controlleur, en fift la remife au public; &
fans que neantmoins lefdits Receueurs & Controlleurs puiffent pretendre lefdits droicts fur les ventes
faites par Contracts entre la partie faifie, & les creanciers, quoy que les chofes venduës euffent efté faifies
& mifes en criées, pourueu toutefois que lefdites
ventes ne foient faites par permiffion de ladite Cour
ou autres Iuges Royaux, ou bien que les Contracts
qui feront faits ne foient omologuez ou authorifez
par lefdits Iuges, ou le delaiffement des heritages, rentes ou Offices ne foit fait de leur authorité, en déduction de ce qui eft deu aufdits creanciers, ou autre-

ment; efquels cas, le prix defdites ventes, delaiffemens ou adiudications feront confignez és mains
defdits Receueurs, lefquels feront payez de leurs
droiЄts ainfi que des autres adiudications. N'enten-
dans auffi que lefdits Receueurs & Controlleurs puiffent rien pretendre des licitations qui fe font entre
coheritiers ou coproprietaires, quoy que faites pardeuant l'vn des Confeillers de ladite Cour, ou autres
Iuges Royaux, fi ce n'eft que les adiudications foient
faites à autres qu'à l'vn defdits coproprietaires. Veut
s'il fe trouue oppofition par quelque creancier fur la
part d'aucuns defdits coheritiers ou coproprietaires
pendant la conteftation & ordre qui en fera fait, ladite part & portion foit confignée és mains defdits
Receueurs, pour en faire la diftribution & payement
felon qu'il fera ordonné, à la charge toutefois que
lefdits Receueurs & Controlleurs ne pourront pretendre leurs droiЄts que fur le pied des fommes qui
feront adiugées aux faififfans ou oppofans, & qu'au
furplus lefdits Edicts & Declarations verifiées foient
executées, finon en ce qu'il y eft defrogé par ladite
Declaration : & en outre, conformément à iceux
Edicts, tous adiudicataires de terres, maifons, heritages, rentes ou Offices, foient tenus huiЄtaine apres
l'adiudication, omologation ou delaiffement qui fera
fait entre coheritiers ou coproprietaires, aux fufdites
conditions de configner entre les mains defdits Receueurs des Confignations le prix de leur adiudication ou delaiffement, & à ce faire contraints comme
depofitaires & comme pour les propres deniers & af-

faires dudit Seigneur Roy, en vertu de l'extraict de
ladite Declaration signé desdits Receueurs. Pareillement, que tous depositaires & consignataires des
sommes qui ont esté deposées & consignées entre
leurs mains par Ordonnance de Iustice, soit Greffiers,
Notaires, Sergens, Bourgeois ou autres personnes de
quelque qualité & condition qu'elles soient, soient
contraints de remettre entre les mains desdits Receueurs les deniers qu'ils ont entre leurs mains, pour en
faire par eux les payemens & distributions ainsi qu'il
sera ordonné entre les parties y ayans interests, qu'à
ce faire ils soient aussi contraints, & partant deschargez : sans toutefois qu'il puisse estre perceu plus
grand droict sur lesdites sommes ainsi deposées &
consignées non prouenant de vente d'immeuble, que
les six deniers pour liure attribuez ausdits Receueurs
par ledit Edict de mil cinq cens soixante & dix huict,
auec iteratifues defenses à tous Iuges d'ordonner la
consignation ou depost d'aucunes sommes en autres
mains qu'en celles desdits Receueurs, & à toutes personnes de les receuoir pour quelque cause que ce soit,
sur peine de trois mil liures d'amende au profit desd-
dits Receueurs, au payement desquelles seroient pareillement contrains; Se reseruant ledit Seigneur Roy
de pouruoir au desdommagement desdits Receueurs
& Controlleurs, & iusques à ce, que ce qu'ils ont payé
leur tienne lieu de finance : sans qu'il puisse cy apres
estre fait aucune nouuelle taxe sur lesdits Offices
pour le restablissement d'iceux, ny pareils droicts
attribuez à aucuns nouueaux Officiers, de quelque

qualité

qualité & fous quelque pretexte que ce puiffe eftre;
& en cas de contrauention par aucuns Iuges audit
Reglement, permet aufdits Receueurs & Controlleurs de perceuoir ledit droict ainfi qu'ils ont fait, fi
ce n'eft qu'ils n'en euffent efté defdommagez de la
fuppreffion d'iceluy, felon & ainfi qu'il eft plus au
long declaré par ladite Declaration: Arreft du tren-
tiéme Auril fix cens quarente-huict, par lequel ladite Cour auant proceder à la verification defdites Lettres de Declaration, auroit ordonné qu'elle feroit
communiquée aux Receueurs des Confignations de
l'enclos du Palais, pour dire ce que bon leur femble-
roit: Requeftes de Maiftres Hugues Betault & Nico-
las Bertault, Receueurs des Confignations, à ce
qu'acte leur fuft donné de ce qu'ils confentoient la
reuocation & extinction dudit droict de fol pour liure, fous la condition expreffe, & non autrement, de
l'entiere execution du contenu en ladite Declaration; & en ce faifant, ordonner par l'Arreft de verification de ladite Declaration qui interuiendroit,
qu'elle feroit executée felon fa forme & teneur, fans
fraude, & fous peine du fol pour liure en cas de contrauention, lequel leur feroit payé, à ce faire les contreuenans contraints comme depofitaires: Autre requefte prefentée par Iacques Michel, tant en fon
nom que de Charles Tricot, Receueurs des Confignations de la Senefchauffee, Siege Prefidial, & autres Iurifdictions Royales du Païs Lyonnois, à ce que
ladite Declaration fuft declarée commune auec eux,
pour eftre executée dans ladite Senefchauffée & au-

E

tres Iurifdictions de Lyonnois, fous les mefmes droicts
& conditions que les Receueurs des Confignations
de ladite Cour, que l'Arreft qui interuiendroit fuft
leu, publié & regiftré aux Greffes defdites Iurifdictions de Lyon, & defenfes aux Iuges d'y contreue-
nir: Autres Requeftes de Maiftre Charles Coiffier &
dudit Michel, à ce qu'acte leur fuft donné de ce qu'ils
confentoient la reduction de tous les droicts à eux
attribuez à douze deniers pour liure, à les prendre fur
la partie & chofes faifies, fans qu'ils puiffent prendre
aucun droict fur le creancier vtilement colloqué, ny
fur l'adiudicataire; comme auffi de la declaration
qu'ils faifoient de defcharger de tous droicts ceux qui
acquierroient heritages, rentes, offices, & autres biens
immeubles, par ventes faites entre le proprietaire
vendeur & l'acquereur, auec ftipulation par les Contracts de faire decreter par lefdits acquereurs fur eux
les chofes qu'ils auroient acquifes, pour en purger les
hypotheques, pourueu toutesfois que les faifies reelles foient faites en confequence defdits Contracts, &
qu'il n'y ait point eu d'autres faifies reelles & congez
d'adiuger, & qu'il n'interuienne aufdits decrets aucunes oppofitions iufques à l'interpofition & feellé
d'iceux; fans pareillement qu'ils puiffent prendre à
l'aduenir que fix deniers pour liure de droict de confignation des deniers qui feroient depofez & confignez entre leurs mains par Ordonnance de Iuftice,
procedans des meubles ou chofes mobiliaires: demeurant toutesfois en la liberté des Iuges, d'ordonner de ladite confignation defdits deniers mobiliaires

entre les mains defdits fupplians, ou de telles perfonnes qu'ils aduiferoient, & encores de bailler par les
fupplians par chaçun an, vn bref eftat de la recepte &
defpenfe des deniers qu'ils auroient eu en leur recepte, pardeuant l'vn des Confeillers de ladite Cour: ladite reduction & defcharge fous la condition de l'entiere execution du furplus de ladite Declaration, &
fans fraude, & fous la peine du payement des droicts
remis, à quoy faire feroient les contreuenans contraints en vertu de l'Arreft qui interuiendroit: Autre
requefte prefentée à ladite Cour le vingtiéme Auril
fix cens quarente-huict, par les Receueurs & Controlleurs des Confignations, & les Proprietaires des
droicts des quatre & fix deniers pour liure fur lefdites
Confignations, de tous les Bailliages, Preuoftez, &
autres Iurifdictions reffortiffans en ladite Cour, à ce
qu'attendu l'acte d'oppofition par eux formée le quin-
ziéme dudit mois d'Auril audit an, il fuft ordonné
que ladite Declaration obtenuë par lefdits Betault &
Bertault leur feroit communiquée pour bailler leurs
caufes & moyens d'oppofition; & cependant, qu'il
fuft furfis à l'enregiftrement & verification d'icelle
Declaration, & de toutes autres concernant la fonction & exercice des Offices de Receueurs des Confignations de l'enclos du Palais: icelle requefte iointe
à ladite Declaration par Ordonnance de ladite Cour
du vingt-cinq Iuin mil fix cens quarente-neuf, au bas
de ladite requefte ledit acte d'oppofition attaché à
icelle: Conclufions du Procureur General du Roy,
auquel le tout a efté communipué. Et apres que lef-

dits Betault & Coiffier, Receueurs des Consignations
de ladite Cour, Cour des Aydes & Requestes de l'Hoftel, & ledit Michel, Receueur des Consignations de
Lyonnois, mandez en la Chambre, ont esté ouïs, Et
tout consideré : LADITE COVR ayant aucunement
égard aux requestes desdits Betault, Maistres Charles
Coiffier & Michel, A ORDONNE' & ordonne, que
lesdites Lettres seront regiftrées au Greffe d'icelle, pour
estre executées à l'aduenir aux charges qui ensuiuent,
à l'égard dudit Betault, & desdits Coiffier & Michel,
Receueurs des Consignations ; sçauoir, qu'ils ne pourront prendre à l'aduenir pour tout droict de consignation & controlle, que douze deniers pour liure seulement, sur le prix des heritages, Offices, rentes, droicts
sur le Roy, immeubles & choses reputées immeubles,
qui seront cy-apres venduës & adiugées par decret aux
Greffes de ladite Cour, Cour des Aydes, & Requestes
de l'Hoftel, Trefor & Bailliage du Palais, ou à la Barre,
par Arrests, Sentences ou Iugemens d'omologation de
Contracts, sans qu'ils puissent prendre aucun droict sur
le creancier vtilement colloqué, ny sur l'adiudicataire,
mais seront pris sur le saisi seulement ; Qu'ils ne pourront aussi prendre aucuns desdits droicts sur ceux qui
acquierront heritages, rentes, Offices, & autres biens
immeubles, par ventes volontaires faites entre le proprietaire vendeur, & l'acquereur, auec stipulation par
les Contracts, de faire decreter par lesdits acquereurs
sur eux les choses qu'ils auront acquises, pour en purger les hypotheques, pourueu toutefois que les saisies
reelles soient faites en consequence desdits Contracts,

& qu'il

& qu'il n'y ait point eu d'autres faifies reelles &
congé d'adjuger, & n'interuienne aufdits Decrets
aucune oppofition, iufqu'à l'interpofition & feellé
d'iceux : Sans pareillement que lefdits Receueurs
puiffent prendre à l'aduenir que six deniers pour
liure feulement de droict des confignations necef-
faires pour licitation, & pour deniers qui feront
depofez & confignez entre leurs mains par ordonnance de Iuftice procedant de meuble ou chofe
mobiliere : demeurant toutesfois en la liberté des
Iuges d'ordonner de la confignation defdits deniers
mobiliers entre les mains d'iceux Receueurs ou de
telles autres perfonnes que lefdits Iuges aduiferont :
Que lefdits Receueurs ne pourront pretendre
droict de confignation de deniers mobiliers, de
mineurs & des Eglifes qui feront depofez en leurs
mains ; & que par chacun an ils bailleront vn bref
eftat de la recepte & defpenfe des deniers qu'ils
auront en leur recepte pardeuant l'vn des Confeillers defdites Cours & Iurifdictions : Et fera le furplus de ladite Declaration & ce que deffus, executé
fans faude, & fur les peines portées par icelle. Et
auant faire droict à l'égard des autres Receueurs &
Controlleurs des Confignations foit des Requeftes
du Palais, Chaftelet de Paris, qu'autres Iurifdictions
du reffort de ladite Cour ; Ordonne qu'à la requefte
& diligence dudit Procureur General, lefdits Receueurs & Controlleurs feront appellez en ladite

F

Cour au mois pour prendre communication de ladite Declaration, y deduire leurs interests, & dire
ce que bon leur semblera, pour le tout fait & rap-
porté, communiqué audit Procureur General, estre
ordonné ce que de raison. Fait en Parlement le septiéme Iuin mil six cens cinquante-vn.

Signé,   GVYET.

*Collationné aux Originaux par moy Conseiller
Secretaire du Roy, Maison & Couronne de
France & de ses Finances.*